박가을 12번째 시집
그어진 줄로 이어가고

박가을 (호 : 春秋, 陽山)

시인. 문학평론가. 작사가
충남 부여출생
1985년 첫 시집 『그대의 초상』 출간
월간 스토리문학 재등단
안산문인협회 회장 역임. 국제펜클럽한국본부 회원
(사)한국문인협회 이사. 한국문협방송 방송위원장
한국문인협회 평생교육원 시창작 지도교수.
시섬詩학당 촌장. 계간 한국가을문학 발행인/회장
시집 : 『그어진 줄로 이어가고』 외 13권
수상 : 성호문학상(16회). 경기도문학상(2009).
　　　경기문학 대상(2009). 안산시문화예술 대상
　　　제43회 조연현 문학상 외

그어진 줄로

사람은
그 사람 사이에 그어진 줄
줄로 사람은 이어가고
중심에 혼자 서 있다
홀 잣대로 그어 놓았기에
오해가 오해를 만들었다
시간은 묵을수록 더 질겨지고
어서 그 줄을 잘라야 하는데
우리가 살아가는 세상
높낮이가 없는 것처럼
사람마다 가지고 있는 성격이다
그걸 인정해 주면 되는데
그어진 줄로 이어가면서
인생길 한복판에 서서
행복하자 행복하자 되뇌인다
나는
어둑한 골목을 지나
시야가 넓혀진 거릴 걷는다
그 사람 어깨 너머로 웃음이 보이고
햇볕은 내 가슴안에서 그어진 줄로 이어가며.

서실에서
박 가 을

차 례

시인의 말　3
차례　4

수레국화　11
못다 부른 사랑의 연가　12
모퉁이 인연　13
음색만 도톰한　14
입에서 입술로　15
타박한 점심　16
그때는 전혀 몰랐습니다　17
춤추는 딴따라　18
아껴둔 청춘　19
외딴 섬　20
흔적　21
연기자처럼　22
누굴 탓 할까요　23
그렇게 잠들고　24
커피숍 앞　25
헛웃음　26
탑승객　27
詩 수업　28
꽃밭에서　29
서툰 발걸음　30
나무와 나무 사이　31
휘영청 둥근달　33
그땐 그랬죠　34

나그네 35
출생신고 36
돌고 돌아가면 37
분홍빛에 물들면 38
그 다운 짧은 글 39
함박눈은 쌓이고 40
그어진 줄로 이어가고 41
사랑하는 이여 42
짙은 커피 냄새 43
묘한 기분 44
사과 한쪽 45
거친 세상아 46
불꽃처럼 47
둥글둥글 48
인생은 연극처럼 49
사랑이 없다면 50
알록달록 51
은사시나무 52
더벅머리 53
별이 되어라 54
도서관 옆자리 55
1초 56
봄날이에요 57
동그라미 그리듯 58
내 것이라며 59
봄도 떠나고 60
시간은 멈춤 61
어찌 살라고 62

차 례

세월이 남긴 흔적 63
지게꾼처럼 —칠십년— 64
그해 가을은 65
장미꽃 66
구름 나그네 67
껍데기 인생 68
까치발로 69
홍당무 70
잉크 냄새 71
핫바지 인생 72
사월이 오면 73
목련꽃 74
살짝 꺼내 볼 수 있어서 75
빨간 우체통 76
파도의 여인 77
못다 부른 노래 —가요 작시 곡 78
내 안에 그대가 있었네 79
인생 보따리 80
밤에 핀 야화 81
순정 純情 82
동백꽃 필 무렵 83
천년 사랑 84
사월에 남긴 편지 86
미완성 인생길 87
섬 88
연인 89
독도 90
울릉도 91

착한 사람아   92

보랏빛 엽서   93

뱃길   94

꽃길   95

동묘역에서   96

첫사랑   97

여인의 눈물   98

그리움을 마신다   99

정 때문에   100

자화상   101

말해줘요   102

모래섬   103

꿈속의 사랑   104

짧은 인연   105

보고싶다   106

빈몸으로   107

이별의 그림자   108

남한강가에서   109

구름 나그네   110

인간일지   111

사랑이 없다면   112

인생은 연극처럼   113

용서   114

원두커피처럼   115

어찌하면 좋을까요   116

철창이 막아둔 방   117

박가을 12번째 시집

그어진 줄로 이어가고

수레국화

너는 듣고 있느냐
이 빗소리를

밤새 내리던 봄비
뜨락에 심어놓은 수레국화
몸살을 앓더니
그 누구에게 받칠 입술
꽃봉오리 불쑥 내밀었다
지난밤 지척이며 잠 못 이루고
빗줄기는 굵어지고 서쪽의 새
슬피 우니 내 맘 같아라

우산 쓰고 오려거든 그냥 멈추거라
혹여 곱디고운 옷자락 적시면
그 마음 우울할 테고
수레국화 만발할 때 걸어오면
봄날은 중천에 걸려있을 테니
빗소리라도 정겹게 들으려무나.

못다 부른 사랑의 연가

바람이 분다
봄바람이
싸릿문 열어두었더니
살그머니 한발 내딛고

붓꽃이 피었고
살랑거리던 몸짓
궤도를 벗어난 별처럼
세포가 분열하듯
못 부른 사랑의 노래
그 좁은 곳으로 떠났다

살아가는 날까지
좋아한단 말도 못 한 채
그렇게 흘러가 버린 세월
어디선가 허락한다는 말
신이 존재하기에
갈라놓은 돌다리 이어 줄
우리 그 틈으로 들어가리라
아아
못다 부른 사랑 노래여.

모퉁이 인연

그만 버려야만 했다
길 저편에 서 있는 사람
눈인사도 마주치지 말자

인연은 이렇게 흘러가는 것을
인생길 모퉁이에 서서
나도 흘러가고 있으니까

그가 서성이던 그 자리
눈꽃이 녹듯 그날처럼
봄날 오기 전 잊어야 한다
막 떠오르는 얼굴
홀로 기억만 남기고.

음색만 도톰한

창밖 너머로
떡갈나무 잎새는 누렇게 퇴색되어
힘에 부치는 듯
얕은 바람에도 흔들거리고 있다
산허리를 감아 놓은 뿌연 안개
내 가슴속 가득 채워져 있고
도서관서 흘러나오는
음악 소리 더 슬프게 한다

나는 무엇을 위해 살아왔던가
답이 없는 물음
그렁그렁한 음색만 도톰한 입술에서
퉁명스럽게 튀어나온 한숨뿐이다
어찌하겠는가
묵직한 전철을 타고 서울로 향한다
詩가 무엇이라고
밥줄만 가느다랗게 이어져 있고.

입에서 입술로

세상에 떠도는 유기물
작은 입술은
토씨를 내뱉는 순간부터
입에서 입술로 화석이 되었다

도서관 탁자에 몸을 기댄 채
나는
펜을 곧게 세우고
날카롭게 활자를 날려본다

눈길을 주고받던 날
화석이 되어버린 지금
그날처럼
차마 나 혼자였으면 했다
검은 안경테 너머로
힐끗힐끗.

타박한 점심

노트북을 챙기고
삶은 고구마 두 개 사과 반쪽
파프리카도 떨리는 입안에 넣는다
감촉만은
몸무게에 비하면 헐겁다

도서관서 배알을 하듯
점심 한 끼치고는 값이 타박하다
물 한 모금 넘기고는
詩 한 수 가슴에 넣고
타들어 가는 시간을 재촉한다

가냘픈 허리
몽당연필처럼 볼록한데
저 건너편서 풍기는 사발면 냄새가
쿵, 뱃가죽을 유혹한다
어떻게 할까
묵묵무답이다.

그때는 전혀 몰랐습니다

목적도 없이 어리숙할 만큼 숙연했다
눈을 마주쳐야 했는데
그 마음을 눈치 채는지 몰랐다
영문도 모른 채
오라 하면 달려갔고
만나자면 무조건 만나야 했었다
그러나
그가 나의 필요가 아님을 느꼈다

가끔
소통이 어려운 속마음은
철조망이 그려져 있었고
그 틈에서 인연을 맺고 있다
돈이 무엇인지
인생이 무엇인지
그 답을 얻기 위해 퍼주고 퍼줬다
그 속을 들켜버리면 웃어 보였던 사람
빈 깡통인 것을.

춤추는 딴따라

나는 거리의 악사다
세상을 기웃거리며 떠도는 풍각쟁이다
가죽가방에 시집 한 권 연필 한 자루
보석처럼 꼭 안고 다닌다

내 생각을 전부 퍼주던 그 날은
두 시간을 꽉 채우듯 채워줬다
나는 거릴 활보하는 시인이다
얄팍한 지식으로
마음을 흔들어 놓기도 한다
시를 꿰뚫어 보는 시상을 펼치고
시를 읊어대며
가슴팍에서 튀어나온 감성이 널름거린다

잉크 냄새 물씬 풍기는 책방서
사라진 낱말을 채워 넣기에 바쁘다
그러나
달려온 길은 무덤덤하기까지
사람 틈에서
향기도 없는 풋 시인일 뿐이다.

아껴둔 청춘

나는 꽃이 만발하게 피어 있는
그곳으로 떠나겠소
혹여
가다가 지치더라도
저 먼 산에 우뚝 선 노송을 보며
쉼 없이 걷고 또 걸어가리다

아껴둔 청춘
세월 따라 허비한 지금
가슴에 남겨 둔 작은 열정 말이오
그러나
가다가 못가더라도
책갈피에 넣어 두었던 시간
하나둘 꺼내 보는 것으로
지금 견딜 수 있다며
잠시
꽃 피웠던 그 날 말이오.

외딴 섬

그녀는 외딴 섬을 안고 살아간다
깊고 푸른 동해 끝은
속이 훤하게 보이는 바닷 속
그 깊은 곳까지 가끔 헤엄치고 건넌다
그때마다
바람이 불어댔고 그런 바람을 가슴에 안고
오늘도 파초와 소라껍질이 깔린 모래밭에
하나의 발자국만을 남긴 채 걷고 있다

독도를 스쳐 가는
바람은 섬 주위를 매일 맴돌고 있다
분명한 것은
혼자 지키고 있는 외딴 섬 독도
이름 모를 꽃들이 지천에 피어있다는 사실이다
그러나
그녀는 꽃을 꺽지 않았다
꽃을 꽂아 놓을 꽃병이 없어서다
인간이 떠난 자리마다 모래섬이 만들어졌고
그만 파도가 지나가면 멀건 모래밭이 되었다
붉은 석양이 떨어질 때면
사그라지지 않던 바람은 지금도 불고 있다
그때 그날처럼.

흔적

그대여
그렇게 떠나려 하는가
오랜 시간 묻어둔 흔적들
스치는 바람처럼 떠나려는가

그 섬에 만들어 놓은 돌다리
가슴 안에 긴 장대를 세워 놓더니
구름처럼 굴러 굴러서 어디로 가려는가
아름다운 사람아

이른 봄
목련꽃 그 모습처럼
태양 빛에 그을린 흔적
피었다 진 꽃잎 떨어지거든 떠나가오.

연기자처럼

반전은 여전히 매력적인 웃음이다
파랗던 이파리 땅바닥에 떨어져
이내 구두 굽에 밟히고
바람에 흩어지는 순간

풀밭에 떨어졌다면 눈길을 받았을 터
자동차 바퀴에 내동댕이 치고
쓰레기통에 처박히는구나

우리 인생도
눈길을 받지 못하면 들판서 허우적거리며
허무하게 무너질 것이다
나는
인생길 연기자처럼
봄날 햇볕을 흠뻑 마시고 자생하련다

빵 한 조각 뱃속에 넣고 싶은 오늘이다.

누굴 탓 할까요

빈번하게 변해가는 요즘
홀로
버티고 버티면서 살아가는 세상
그 누가 뭣을 탓 할까요

나 자신을 위해
탑을 쌓아 가다 보면
이 세상 끝이 보인다는 것
그러나 얄팍한 심보로
내 탑만 높이 쌓으려 합니다
그놈의 욕심 때문이죠
아니면
거절할 줄 알고
아니면
안돼요. 그러면
이런 말조차 망설이고
뒤돌아서는 퉤퉤
그게 무슨 심보입니까

펜은 곧게 써야 한다고
스승께서 입버릇처럼 말씀하셨는데
오늘도 먼 산을 바라보며
내 가슴을 힘껏 후려칩니다
못된 놈
나 스스로가 못된 놈입니다.

그렇게 잠들고

별도 잠들고
달도 잠든
아니
길모퉁이 가로등도
홀로 잠들었다

가을바람은
헐렁한 가슴으로 파고들어
쓸쓸함이 더하다

대문을 들어서니
불 꺼진 서재
책꽂이마다 시집도 잠들고
붉은 잉크병만
펜을 붙잡고 졸고 있다
저걸 어쩐다냐.

커피숍 앞

출입문 들어가는 순간
커피 향이 폐부 깊숙히 찌른다
마실 줄 모르면서
커피 잔에 녹아든 그리움
어쩌면 외로움보다 더 진하다

창밖 스산한 바람은 불고
떨어진 낙엽은
길모퉁이에 수북하게 쌓였다

빈 찻잔에 고독이 넘칠 때
남겨진 입술 자국
그 흔적조차 아끼고 싶었다.

헛웃음

통장 끝장을 넘기며
그냥 웃습니다

수입도 없이
그 누구도
접근도 못 하는
비밀번호

빠져나간
흔적을
오늘도 숫자를
물끄러미 바라봅니다
혼자서.

탑승객

걷고 또 걷습니다
건강해야
각시와
딸들에게
짐이 안 되니까요
그런데
걷는 시간이 짧습니다

불룩 튀어나온 허리
언제 뺄 것인지
시방 운동화 끈을 풉니다
탑승구 앞에서.

詩 수업

정든 얼굴
눈빛만 보아도
아주 친근한 사람들
속사포를 날리는
詩 수업

한 줄 시어를
단팥빵처럼 달콤하게
푸석거리는 소보로빵처럼

내 마음에서
하나씩 꺼내어 줍니다
넙죽
넙죽.

꽃밭에서

화단 앞에
쥐똥나무가
무뚝뚝하게 버티고 있다
종일토록

가끔 참새가 날아와
무엇을 보았는지
푸드덕 날아간다
혼자서
분홍빛 두르고
무슨 생각을 할까
푸르른 잔디밭
바늘꽃 수국이 고개 숙인
꽃밭에서.

서툰 발걸음

이른 아침 서둘러
길을 나섭니다
사무실 월삭을 송금하고
두근거리는 마음
애써 다독여 봅니다

어제는
밤늦도록 자판을 두드리며
낱말과 씨름했는데
창 너머 시계 바늘은
자정을 가리키고
열리지 않는 비밀 통로
빈 가슴만 채워야 했습니다

찬 서리가 내릴 즈음
빼곡하게 적은 글씨만
가쁜 숨 몰아쉬며
서툰 발걸음을 재촉합니다
어서어서 가라고.

나무와 나무 사이

숲을 보면
서로가 서로를 기댄 채
연푸름과 푸르름이 더해져
짙푸른 풍경을 만든다

그 안의 나무는
묵묵히 자연을 섬긴다

그런 숲을 꿈꾸며
한 그루 나무를 심는다

키만 훤칠한 채
여린 가지에 듬성듬성 잎들이 자란
나무를 심으며 상상해본다
뿌리가 자리 잡으면
새 이파리들 하늘 향해
팔랑거리다 그 옆의 나무 그 옆의 나무
나무와 숲을 덮을 것이다

나무 따라 내 마음도 척박한 땅에 심어본다
속살 드러낸 채
그렁그렁 울음을 삼키던 산이 고요해진다
나무와 나무 사이
바삐 오가는 바람에 푸르러질 것을 안다

내 키만한 나무를
땅에 심으며
내 가슴에 묶어두었던 사랑도 심었다

나무와 나무 사이처럼
푸르게 숲이 될 사랑을.

휘영청 둥근달

커튼 사이로
그녀 모습 빼꼼 보았다
테라스 문지방을 넘어
그녀는
와, 이런 달빛은 처음이네
선잠을 깬 어깨 위로
두 눈이 동글해진 목소리
나는
테라스로 냉큼 달려가
구름 사이로 환하게 핀
둥근달
휘영청 밝은 달을 보았다
그녀 말대로
옥구슬처럼 밝다
그녀 마음처럼.

그땐 그랬죠

문학지 한 권을
손에 쥐던 날이다
낯익은 제호부터 가슴은
울렁거리기 시작한다

손때 묻은 원고지마다
파닥거리는 울림이 들린다
한하게 웃는 얼굴들
그 모습이 탐이 났다

새벽 두 시 반
껌뻑이는 백열등은
나의 허리춤을 붙잡고 있다
책장을 넘기는 소리까지
창밖으로 들릴까 봐
조심스럽게 두 눈은 직시한다
한국가을문학
오늘 첫차를 타야 한다.

나그네

가을이 오면
횅한 가슴에 빈 바람이
스며들어와
컥컥 목을 메이게 한다
이날을 기다렸는지
가을비는 주적주적 내리고
갈길 잃은 나그네처럼
먼 허공만 바라본다
그것이 문제였더냐
그 무엇이 허탈 했더냐
어느 하나 건질 수 없는
인생길인데
쯔쯔쯔.

출생신고

그 누구나 한 번쯤
이런 생각을 할 것이다
내가 다시 태어난다면
그러나
흘러간 시간은 되돌릴 수가 없다
만약
이 세상에 신이 존재한다면
다시 태어나고 싶을 것이다
그렇다고
새로운 인생길
온다고 달라질 수 있을까
그 누구나
지난 세월 안타까워하며
가끔은 후회한다
그런들 어찌하겠는가
가는 세월 촌음을 아끼듯
앞만 보고 가는 것이
인생길 아니던가
올곧게.

돌고 돌아가면

연못가에 서서
햇볕 그을린 은빛 물결 바라보다
구름 한 점은 섬이 되었다

소낙비 내릴 때
흠뻑 옷깃을 적셔도
무탈한 표정에 헛웃음을 켠다

비 그친 후
호수 한가운데 머물던
섬도 사라지고
실눈을 뜨고 있는
햇살이 눈부시다

세상사
누가 흐리다 했나
인생사
누가 힘들다 했나
돌고 돌아가면 제자리인
인생길
그 끝은 흙무덤인 것을.

분홍빛에 물들면

그때는 그랬지
모습만 바라봐도
가슴은 설랬지

빛바랜 추억 하나
붉은 가슴 물들이고
꽃잎은 땅바닥에 떨어져
흩어지고 묻혀버리고
한 줌 흙이 되었지

석양은 핏빛으로 물들고
분홍 꽃잎은
어디
그대 입술만 더할까.

그 다운 짧은 글

엊그제
그를 짧은 꿈에서 만났다
누구나 가질 수 있겠지만
이는 정해진 틀 안에서
만들어지는 것이다
나는
무단하게 그 꿈을 잡기 위해
40여 년의 세월을 걸어왔다
누구는 그렇게 말했다
당연하니까 받는 거라며
시인으로 살아온 무뎌진 시어가
사람의 마음을 녹인 결과라 했다

첫닭이 울던 새벽
쪽지가 배달됐다
축하 문학상, 시인님
그 다운 짧은 글이다. 어깨가 무거워졌다
한편으로 두렵고 그러나
출발점은 늘 설렘 그 자체니까.

함박눈은 쌓이고

빈가지 끝에
함박눈이 쌓였다
잔디밭에
앙상해진 수국꽃도
하얀 눈이 붙어있다
세상은
온통 백색 세상으로 변했고
내 마음조차 푹푹 쌓여만 갔다

요즘
풍상을 많이도 겪었다
신경세포가 오그라질 정도로
눈물을 삼키면서 떨쳐버렸다
오늘
호숫가에 앉아
긴 날숨을 뿜어댈 수 있었다

함박눈 송이가
이내 굵어지기 시작한다
오염되었던 가슴
순백으로
모든 것을 다 덮어주고 있다.

그어진 줄로 이어가고

사람은
그 사람 사이에 그어진 줄
줄로 사람은 이어가고
중심에 혼자 서 있다
홀 잣대로 그어 놓았기에
오해가 오해를 만들었다
시간은 묵을수록 더 질겨지고
어서 그 줄을 잘라야 하는데
우리가 살아가는 세상
높낮이가 없는 것처럼
사람마다 가지고 있는 성격이다
그걸 인정해 주면 되는데
그어진 줄로 이어가면서
인생길 한복판에 서서
행복하자 행복하자 되뇌인다
나는
어둑한 골목을 지나
시야가 넓혀진 거릴 걷는다
그 사람 어깨 너머로 웃음이 보이고
햇볕은 내 가슴안에서 그어진 줄로 이어가며.

사랑하는 이여

정녕
그대가 슬프단 말인가
떠날 때 그날을 기억하오
찬 서리 머리에 이고 잠들 때
나는
벌겋게 충혈된 채 밤을 지키며
두툼한 책과 씨름했소
책장을 넘길 때마다
뿌옇게 쌓이는 얼굴
그런 마음을 알기나 한단 말이오
흩어진 구름처럼
찢긴 마음 담을 수가 없음을
난 그날이 생각나오
가슴에 절여오던 그 날.

짙은 커피 냄새

네모난 상자
늘 그대로 내버려 뒀다
창틈 사이로 새어 나온 불빛
날숨을 쉬고 있겠지
까치발로 창 너머로 퍼덕이며
두 날개는 하늘을 날고 있다
어떻게
저 네모난 상자서 나올 수 있을까
달빛도 고운데
짙은 커피 향이 가슴을 덮을 즈음
그가 왔다
대부도 선착장서 오는 길이라며
팔뚝만 한 숭어 한 마리 툭 하고 건넨다
꼴깍
널름거리는 혀 끝으로
잠시 날개를 접고.

묘한 기분

건널목을 건너며
눈송이가 쏟아지던 날
나는
터벅거리며 계단에 오른다
낯이 섧다
페퍼민트 향이 코끝으로
향을 느끼기도 전에
지그시 눈 감고 있는 그
창밖은
눈송이가 현란하게 춤을 추며
나를 오라 한다
잠시 숨이 멎을 것 같은 침묵
애써 웃어 보인다
함박눈처럼.

사과 한쪽

출근 전
정갈하게 손질한 사과 한쪽
그녀는
매일 몸에 좋다며 사과를 깎는다
미끄러운 골목길
자동차 후미를 바라보며
내 마음은 늘 울컥거린다
월말이면 통장에 쌓인 숫자
마음이 부자인 그녀
오늘 반찬 어때
백수인 나는 끼니를 먹을 때마다
음식이 맛있다며 고백한다
세월은
남자에게 고독한 시간을 만들었고
쉼도 잠시
그녀의 치맛자락을 붙잡는 일도
일상이 되어버린 퇴직한 사내의 비애다
오늘은
함박눈이 폭폭 내렸다
그녀 얼굴처럼

웃는 그녀는 천상 여자다.

거친 세상아

불어라 바람아
불어라 거친 세상아
혼자 걷는 길일지라도
거리마다 넘치는 사람들
비바람은 불고
거친 숨소리조차 묻혀버린
그들도 걷고 또 걷고 있다
어디로 가느냐
불어라 거친 바람아
어둠이 깔린 거리
나는 두 눈을 지그시 감고
저 밤하늘 별을 셀 것이다
낮달 꽃이 필 때쯤.

불꽃처럼

커튼 사이로
발가벗은 은사시나무가
앙상한 몰골로 두 팔을 벌리고 있다

또 다른 세상을 꿈꾸던 그도
폭풍을 맞은 듯 사그라지고
햇살에 제 한 몸 녹이고 있다

불꽃처럼 피었다 지는
인생길
바람의 시간아
운명은 이 밤도 쓸쓸하다
그러나
이렇게 펜을 붙잡는 순간은
행복하단다.

둥글둥글

마른 잎새가
바람에 나부낀다
흩어지고
땅바닥에 떨어지고
흔적 없이 사라지고

물 한 모금 마시려다
목에 걸린 가시처럼
그 생각이 올라오면
컥컥 울음을 삼키킨다
너는 아느냐
이 고통스러움, 참
세상 힘들다
둥글둥글
다 좋은 것을 아는지.

인생은 연극처럼

새벽이슬처럼
풀잎에 안기더니, 그만
사그라들어 가엾어라

바삭거리는 갈댓잎
빈 가슴 두드리는데
소슬바람에 그만 숨을 거뒀다
돌아설 수 없어서
나는 두 번씩 연극무대에 선다

허릴 붙잡고
살아갈 날 아직 남아 있어
누굴 위해 살아갈까
허락하지 못한 채
마지막 무대에서 열연하듯
떠나는 그날까지 주인공이 되련다.

사랑이 없다면

여기저기
꺾이고 부딪히고
그런 인연 버릴 수 있나요

돌아서면
맨 그 자리
후회 없는 인생사
추운 겨울날처럼
언 가슴 녹여줄 사람
눈 쌓인 거리마다
부질없는 외로움도 쌓인다

백 년을 버텨 줄 사랑
그 누가 지켜줄까
그도 나도.

알록달록

닮은 것도 같은데
그 너비와 깊이가
커피 잔 보다 작다

그럴듯해 보여
손안에 감싸면 못 본 척
커피는 악마처럼
저 밤하늘 별 조각 닮았다

그놈이 그놈이고
그년이 그년이라지
커피 맛은.

은사시나무

시침은 초침을 꾸짖는다
자꾸만 바라봐도 맨 그 자리
들창문을 여섯 번 여닫고
창 너머 헐벗은 은사시나무
멀 때처럼 높이 뻗어있을 뿐
밑동이 헐렁한 바지를 입었다
가끔
바람에 흔들거리는 나뭇가지
온몸은 몸살이 날 것 같다
멈춤도 없던 동짓날
삭풍은 마치
내 몸뚱어리 같다.

더벅머리

육천 원이라
종로3가 이발소
머리를 감는 값은 천원
싹둑거리는 날렵한 가위손
나는
월말이면 칠천 원을 꺼낸다
달고 달아서 헐겁지만
지갑에 집어넣으면 좀처럼
빼내지 못한 벽이다
멈춤,
그래서일까
그날은 지갑이 열린다
벌러덩.

별이 되어라

핏빛으로 물든 노을 같은
인생아
광야길 걸어왔구나
짧은 세월 서두르지도
기다리지도 말라

차갑게 메마른 대지
가슴팍에 쌓은 허욕
대답 없는 운명아

그 누굴 탓할까

바람이 이듯이 스며든 인연
부서진 가슴
아파하지 말고
꿈을 찾는 별이 되어라.

도서관 옆자리

갈 곳은 이곳이 제격이다
도서관서 노트북을 켜면
일어서는 시간까지 내차지다

가끔 어려운 함수를 풀고
영어 원서를 유심히 읽고 있다
이 풋풋한 삼각관계
잠시 커피를 마시며
일상을 너덜거리며 털어 놓는다

엿듣기로 열린 귀는 어쩔꺼나
그렇게
인생길 그 누군가가 다 엿듣고 있다
내 몸짓까지.

1초

철길에 누워있던 전철
1초도 아끼려는지
초침에 출입문은 닫힌다
의자마다
순번을 지키려는 듯
맨 끝자리를 탐한다
앞에 누가 앉든 옆에 누가 타든
대꾸할 여유도 없이
가만히 두 눈은 감는다. 지그시
깜빡 졸며
그 순간만은 허탈한 자유다
혼자니까.

봄날이에요

잔디꽃은 피고 지고
온통 꽃향기를 남기며
파랗게 새싹은 움트고
햇볕은 따스하여라
연둣빛 잎은 파란 이파리가 되어
참새가 날아드니
노랫소리 청량함이란
봄은 향긋한 행복이어라
텃밭에 당근 오이 감자 싹도
수줍은 듯 고갤 내밀고
그 젊은 날 풋사랑을 앓던
내 마음같이 아침이슬 같다
이슬방울은 그렁그렁 눈물 흘리듯
꽃사과 꽃잎처럼
두 볼이 발갛게 물들었다
기다려도 못 오는 님이시여
이 봄도 속절없이 지나가는데.

동그라미 그리듯

그대는 모릅니다
세상은 모름지기 내 것이 아닌 것을
그 입을 벌리는 순간
흙먼지 잡소리가 끼어들어 가고
내뱉은 말도
문자로 남긴 자국은 지워지지 않습니다
흔적은
사람 눈살을 찌푸리고
그 할 말이 무엇인지. 참
세상사
나이는 동그라미 그려놓듯이
홀로 만들어가는 것은 아닙니다
왜냐구요
그도 흠이 있어서입니다.

내 것이라며

두 눈을 감는다고
허물이 사라질까요
두 손을 모은다고.
허물이 묻힐까요
그러나
십자가를 바라보는 순간
내 손을 잡아 주셨습니다
어떻게 살아왔는지
어떻게 왔느냐고 묻지도요
두 무릎을 세우고
눈물을 떨구는 그 시간만큼은
그리워했던 당신의 음성이었습니다
해가 뜨고
달이 지고 별도 숨어버려도
늘 그 자리에서 바라보십니다
너는 내 것이라며.

봄도 떠나고

칸초네는 달콤한데
커피의 진한 맛보다
가슴을 울리는 떨림

보랏빛 수레국화
쓸쓸하게 피었다
보아주는 이도
꼭 안아주는 이도 없다

식어버린 커피
그 맛을 잊은 채
끄덕끄덕
혼자서.

시간은 멈춤

이제는
돌아가야겠다
그 뜨겁던 여름
혼자 가슴만 애태우던 날

시간은 흘러
멈추듯 하다
두 어깨를 움츠렸고
돌아갈 수 있다면
추억을 만날 수 있을 터

이제는
멈춰야 하는가
빈 벤치에 우두커니 앉아서.

어찌 살라고

생각하지 못한 채
아직도
아물지 못한 생채기
그 많은 날들 어찌 살라고
마지막
혼자서 혼자서만
고개를 끄덕여 보아도
변한 건 하나도 없다
이 아픈 절망감
나는 어쩌라고
그 마음도 아플 텐데
슬프다 시방.

세월이 남긴 흔적

햇볕은
타들어 가는 가슴을 열었다
어둠이 그치면
잠시 머뭇거리다 이내
갇혀있던 그도 여름에 취해
깜빡 졸고 있다
그가 불을 댕기지 않았다면
정수리에 꽂히는 열기도
그러나
오랜 장대비에 그만 속아서
타다 남은 불씨 칠월에 떠났다
고갤 떨군다
인생사도 그렇듯이 청춘도 그러한데
세월이 남긴 흔적만 또렷하니
그나저나
입추가 오기 전에 도망쳐야겠다.

지게꾼처럼
-칠십년-

그동안
세상에 살아온 날
가슴속 깊이 넣고 다녔다
소고기미역국도
찰진 쌀밥도
구겨진 종이 한 장
덩그렇게 달린 달력이다
붉은 사인펜으로 동그라미를 그려놓았지만
지나치는 숫자에 불과했다
발길을 멈출 즈음
붉은 노을이 화려할 때
그 누구는 아름답다 했다
나는 오늘 인생길에
지게꾼처럼 처진 어깨 위에
세월을 담은 둥근달을 지고 간다.

그해 가을은

붉게 물든 노을도
염치없이 떠나간다

누가 저 산등성에
울긋불긋 색을 덧칠했나
발길 멈추니
가을 닮은 이파리는
하나둘 바람에 너풀거리고 있다

서쪽 하현달도
부끄러운 듯
살며시 구름 속에 숨어들고
그해 가을은
떠난 사람 그리움에
빈 가슴만 쓸쓸하게 웃고 있다.

장미꽃

어찌
저렇게 도도하고
단아하게 피었을까
밤사이 설레며 기다렸겠지
뜬눈으로

꽃잎도 한 겹씩 쌓였고
누굴 닮았을까
봄볕에 구경나온 이들
필시
혼자는 아닐 것이다.

구름 나그네

볕은 중천에 서 있고
구름 두 조각
서쪽 하늘서 둥둥
해를 가리고
가끔 술에 취한 듯이
비틀거리기도 한다

저 구름은 어디로 갈까
해는 뉘엿뉘엿 기우는데
저러다 산 중턱에 걸리겠다
후,
입김을 불면 저 멀리 사라질까
이 쓸쓸함도.

껍데기 인생

술잔이
넘치도록 따르라

흘러넘치도록 부어라
이 한 잔 술로
찢긴 가슴 채울 수 있다면
나는
두 손으로 빈 술잔을 받으리라

껍데기 인생아
세모 네모처럼
너도나도 껍데기가 아니더냐.

까치발로

네모 상자는
늘 그대로 비워 놓았다
창틈으로 도망쳐 나온 불빛
숨은 쉬고 있겠지
까치발로 창밖을 내다보며
푸드덕 두 날개를 접는다
어떻게 하면
그 상자서 나올 수 있을까
달빛도 고운데
짙은 커피 찻잔에 넘실거리고
아무런 대답 없는 세상아
어서어서
두 날갯짓으로 날아보라.

홍당무

도서관 나오던 길
심사평을 써야 해서
머릿속은 하얗다
그동안 채워 놓았는데
푸석거리는 얕은 지식
하나둘 하늘로 날아갔다
노트북을 켜는 순간
잠시 머뭇거리며 흔적을 잡았다
환한 웃음이 어여쁜 사람
금세
내 얼굴을 홍당무가 되었다
무슨?

잉크 냄새

어스름한 불빛 사이로
짙은 가을은 걸어오고
두 어깰 움츠리니 시린 바람도
겨울로 가는 길목서 만났다

두툼한 외투를 걸치고
도착한 이곳은 겨울이던가
인생길 승부처를 만들려 달려왔는데
모두가 허무함뿐이다

책 한 권 옆구리에 끼고
허둥거리며
잉크 냄새가 배있는 도서관
문을 여는 순간
벌떡 다가선 낱말 조각들
주저 없이 호주머니에 구겨 넣었다
누가 훔쳐 갈까.

핫바지 인생

나는 들판 산 바다에
가슴을 후벼 부는 바람이고 싶다
어디로 가야 하는지 묻지 말라
새벽이슬 머리에 이고
그 곁은 살며시 지나치는
그런 사람이 되고 싶었다

가다가 그 누군가
나를 알아본다면
차 한 잔 목을 축이고
가던 길 재촉하듯
지난 일 까맣게 잊은 채
허허로운 세상을 떠도는
그런 인간이 되고 싶다

그곳이 어디이든 어떠하리
이 몸은 부서졌어도
세상 물정 모르는 핫바지처럼
겉모습만 탐했던 지난날
시방 누구든
따뜻한 손 잡고 싶을 뿐이다.

사월이 오면

분홍빛 꽃잎마다
저렇게 꽃을 피우더니
빗줄기에 몸을 맡긴 채
꽃잎은 홀몸이 아니다

화단에 심은 꽃모종
파란 이파리가 돋고
손끝에 단내를 풍기듯
먼 곳에 가신 어머니가 그립다

장독대 맨드라민 꽃 필 때
날 낳으시고
빨간 고추장을 담그시던
그 모습을 아련히 떠오른다

분홍 꽃 피는 사월
쑥개떡으로 끼니를 채워가며
그날도
빗방울 소리에 허기진 배를 채우던 시절
그립다
보고 싶은 내 어머니.

목련꽃

봄날이면
단아하게 불쑥 얼굴 내밀던
자색 목련꽃
붉은 입술 뾰로통하게
그만
찬 서리 가슴팍에 꽂히더니
그 화려함은 숨어버리고
검붉게 거죽만 남았다

잎새 사이로
목련꽃 두 송이
한쪽 입술만 내밀고
얼굴 붉히며 볼멘 소리할 때
그 뜻을 알아들었어야 했다

그 누굴 탓하랴
타들어 가는 가슴
검붉게 말라버린 목련꽃만 하랴
애달픈 인생아.

살짝 꺼내 볼 수 있어서

사랑하고 있다는 것은
가깝고도 먼 곳에서
난 그런 모습으로 서 있습니다
만날 수는 없지만
그댈 미워할 수는 없는 거죠
간밤
별 조각을 발견하고
냉큼 내 별이라며 소리칠 때
이미 한쪽 가슴에 박혀 있습니다
쓸쓸해 하지 마셔요
사랑하고 있으니까요
그리울 때면
살짝 꺼내 볼 수가 있고
가깝고도 먼 곳
그대 모습 탐이 날 뿐입니다.

빨간 우체통

겉장에 갈겨쓴 이름
주소는 알아볼 수 있어 다행이다
정갈한 글씨
빨간 우체통에 안겨있다

화단에 불쑥 올라온
잔디꽃은 빨갛게 입에 물고
골목길은 흙이 파인 채
봄 햇볕에 그을린 흔적만 쌓였다

우체통 담벼락에 붙은 통지서
등기우편은 이미 숨을 거두었다
빨간 딱지 두 장
쓰디쓴 커피 목구멍에 구겨 넣는다
달갑지 못한 편지.

파도의 여인

작은 알갱이가 부서진
알싸한 만리포 백사장
물거품은 저만치 사그라들고
그대 곁에
다가갈 수 없는 슬픔이다

수평선을
바라보다 바라만 보다
한 걸음씩 다가서고 싶어도
헐거운 이 마음은
하얗게 부서지는 파도 같다
가슴 안에 넘치는 사랑
그대 안아보고 싶은데
바다에 묻힌 그날 밤.

못다 부른 노래

바람이 세차게 분다
봄바람이
싸릿문을 열어두었더니
살그머니 한발 내디디는 사람

벚꽃이 화사하다
봄바람에 살랑거리는 꽃무리
그 마음처럼

궤도를 벗어난 별 하나
세포가 분열하듯
애써 외면했는데
못다 부른 사랑의 노래여
그대는 모르리라
세상은 넓고 좁아서 그 틈으로

살아가는 날까지
좋아했다. 고백도 못 한 채
저 풀숲에 누울 수가 없어서
갈라놓았던 돌다리 잇기 위해
허락하리라
못다 부른 사랑 노래.

- 가요 작시 곡

내 안에 그대가 있었네

뭇 세월이 흘러갔어도
그때 그 마음은 그대로라오
그립다는 말은
가슴 안에 떨치지 못한 채
삭힌 추억만 쌓여만 갔다오

잊힌 줄 알았었는데
아무런 이유조차 몰랐던
그대는
파릇한 연초록 이파리처럼
이렇게 다가올 줄 몰랐소

그립다는 말은
잊은 게 아니라 숨겨놓고
밤하늘 떠 있는 조각달
늘 가슴 안에 숨겨놓았소
오늘 밤도
그대는 내 가슴 안에 있다오.

인생 보따리

구두 뒤축이 삭았다
오랜 세월을 신발장에서
낯설게 눈치만 살피다 오늘
봄볕을 눈부시게 받았고
종로 네거리를 지날 무렵
터덜거리는 구두 굽은
세상을 멀겋게 바라만 봤다

사랑도 받지 못한 채
구두 밑창이 너덜거리더니
이곳저곳 흔적만 남겼다
헬쑥해진 몰골은 마음조차
봄날을 을씨년스럽게 만들었다
뮤지컬을 관람할 때
그때가 좋았다며
이렇게 내려놓는 인생 보따리
그도 나도 갈 때가 되었나.

밤에 핀 야화

어스레한 목요일 밤
빈 벤치에 홀로 앉아 있네

그 사람 그 사람
나는 바람이고 이슬 되어
세상을 떠도는 나그네
밤에만 쓸쓸히 피는 야화

어느 곳에 있는지
그대는 지금도 나를
기다리고 있을까

아
나는 밤하늘 조각별 되어
이렇게 서럽게 울고 있다오.

순정 純情

붉디붉으면 어떠랴
희디흰 백색이면 어떻고
한치 앞도 분간 못하는 까만 어둠도
다 사그라지고
연초록 이파리 필 때가 좋더라
그냥
입술을 내밀더니
분홍 수줍은 듯
홀로 핀 수선화는 수선을 떤다
그 순간
설레던 가슴은 숨어버리고
몸 바쳐 써 놓은 시 한 줄
잉크 냄새 밴 서재에서
청승맞은 사내가 웃고 있다
분홍빛 입술을 탐해도 될 일
빈 가슴 애태우는 진분홍 그리움이여
그대 얼굴 닮았다.

동백꽃 필 무렵

자갈치시장 비릿한 냄새
코끝을 스치던 그 순간
짜릿하게 밀려오던
울렁거림 그대 기억나나요

태종대 깎인 바위틈에서
해운대 모래섬까지
부산역으로 떠난 그 사람
나는 수원역 첫차를 기다리죠

꼼장어 구이를 먹어봐도
파란 바닷물은 눈물 같아
붉게 타는 동백섬. 가슴에
그대 이름 새겨 놓으면
그립던 마음
조금은 나아질까요
바닷바람만 시려 오네요

불빛 하나둘 켜진 이 밤에
그대 목소리 들릴 것 같아
모래밭 위를 걸어보다
뒤돌아보는 내 마음은 허전해요

그날처럼 웃던 그 얼굴
파도 위에 떠오르고
두 눈 감고 속삭이던 말들
아직도 귓가에 선명하죠.

천년 사랑

자꾸만 날 부르네
그 소리 쓸쓸한 바람 같아서
가슴 깊은 곳 어딘가
눈물처럼 스며드네요

천년에 한 번 피는 꽃
설련화라 불리는 그 사랑
행운은 아득히 멀고
그리움은 멀리서 울리죠

시간은 흘러가도
기억은 멈춰선 채로
그대 이름 불러보면
바람만 대답하네요

사랑이란 그런 건가요
아무 말 없이 기다리는 것
흩날리는 꽃잎처럼
가슴이 저며오는 밤
누구일까
이토록 선명한
그대의 그 목소리

나는 천년을 기다리며
그대 가슴에 피고 싶어
눈처럼 하얗고
봄처럼 따스한
설련화가 되고 싶어요.

사월에 남긴 편지

세월은 그렇게 흘러가고
이른 봄꽃은 피고 지고
봄날은 속절없이 떠나가네
장미꽃은 저 멀리서
내 심장에 불을 켜 놓더니
봄비에 그만 안겨버렸네
뒤뜰에 심어놓은
목단도 입술을 내밀었고
님 손길 기다리고 있건만
홀로 꽃잎을 피울 수밖에
어찌하겠소
혼자인 것보다
둘이 셋이 덜 외로운 것을
어쩌면 오늘이 그런 날이네
한번 떠나면 못 오시는 님이시여.

미완성 인생길

좁다란 인생길 늘 미완성이더라
다 된 줄 알았는데 한쪽이 텅 비어있네
보고 또 보아도 부족하게 보이더라
채운다 말을 하면서도 비워둔게 말았더라
지혜롭다 말해도 나조차 모르더라
거울 앞에 나를 세워
많이 바라보면 허점투성이 그 얼굴
부끄럽고 서글퍼라
그래도 여기까지 앞만 보고 살아왔지

(후렴)
단일페센트 부족하단 마음으로
내 인생을 자책하지 말고
가던 길 멈추지 말고
채찍하며 가자
인생길은 미완성이라네
우둔했던 그날들 다 내탓이더라
남 탓인 줄 알았는데 결국은 내 그림자
조금은 자랑스러운 내 모습이더라.

섬

나는 요즘 섬 한가운데 떠 있는 섬
안개 자욱한 새벽이면
물결 위로 내 마음을 띄운다
헐떡이며 숨을 내쉬고
세월에 흔들릴수록 고요한 듯
쓸쓸한 하루가 지나간다
어디선가 날아든 이름 모른 새 한 마리
잠시나마 잊은 듯
내 마음도 물결 위에 젖는다
세찬 비바람이 몰아치던 그 밤에
악몽 속에서 식은땀으로 깨어
난 고독에 둘러 감싼다
오늘 같은 날엔 섬이 무너질까 두렵다
잃어버린 내 청춘이 물안개 속에 흘러간다

(후렴)
우표 없는 편지 한 장 하늘에 품은 채
이 외로움을 누구에게 보내야 할까
섬을 지켜왔던 건 내 삶의 전부였다
비바람이 몰아쳐도
내 두 손으로 붙잡고 살았다
얼마나 더 이대로 흘러가야 하는지
언제까지 언제까지 나 홀로 버텨야할까.

연인

세월을 탓하지 마오
이는 바람결에
부딪히는 파도처럼
그렇게 살아온 세월

그 무엇을 탓하리까

가슴 한쪽에 박혀 있는
내 별 조각을 맞추려하오
그리하여
세월은 잠시 방파제에 묶어두고
비릿한 바다 내음 맡으며
봄날 꽃이 피고 지는 것처럼
이런 날을 맞으려 한다오

아,
보고싶어라 보고싶어라
내 사랑하는 그대여.

독도

내 오늘 너를
와락 껴안아 본다
동해를 바라보면 수 세월
외로이 서성거리며 지켜왔을
두 어깨가 무겁게만 느껴진다
그래
태극기 휘날리는 거기
그곳은
이 땅에 때어났 때
독도의 얼굴로 피어났다
아름다운 그대여
장엄한 그 모습대로 오롯이 서 있으라
내 사랑스런 독도여.

울릉도

뱃머리에서
그대 얼굴을 보았지
언제
보았을 그 세월 앞에
나는
두근거리는 가슴을 주체할 수 없었어
출렁이는 파도는
내 마음인 듯
뱃고동 소리만 울릴 뿐
부딪히고 부딪히는 파도
바다에 내 마음도 묻는다
그대 머문 울릉도
발길 멈춘 여기 여기에
청초한 그대 모습만 탐했네.

착한 사람아

몹시도 바람 부는 날이면
흔들리는 꽃잎을 보며
가슴 아파한 사람
애린 꽃송이
혹여 바람에 떨어질까
달궈진 땡볕 아래서
여린 상추가 시들까
들숨마저 목이 막힐 텐데

통장에 찍힌 숫자만큼
수세 월을 쌓아 놓았다지
밥 먹고
시장에서 조기 세 마리 사고
풍성한 채소를 바구니에
가득 채우면 배부르다 했지
이 착한 아내야
올여름 바다로 가자
둘이서만.

보랏빛 엽서

바람결에 읊는 노랫소리
비릿한 바다 냄새
흥겹게 불러주던 보랏빛 엽서
그대 인생도 녹아 있으리라
덜컹거리는 늙은 버스에
모두의 목숨 맡긴 채
마지막 이별을 노래하는
그대 음성이여
핏빛으로 물든 울릉도 석양빛처럼
홍합 비빔밥에서 향취가 널름거렸다
여기까지가 인연이었음을
뱃고동 소리 처연하게 울릴 때
그 노랫소리 정겹게 삼키노라
앵콜곡도 뒤로하고.

뱃길

푸르름이 이보다 더할까
저렇게 부셔놓은 파도
먼 길 달려왔네
너와 나는
언제이든 만날 수 있었던
인연인 거야
바람이 전해주는
눈빛도
우리에게 주어진 운명이라면
나는
스치는 바람도 가둬두겠다
천장에 매달린 백열등
출렁이는 뱃머리
반쪽이라서 다행이다
그 마음 훔치고 싶었지
혼자만.

꽃길

아침 햇살 떠오른
밝은 태양 바라보며
아름답고 멋진세상
내 마음 사진을 찍는다
사랑하는 우리 사이
늘 곁에 있어서
두려운 없는 마음으로
꽃길만 걸어가요
찰진 밥처럼 뜸든
우리 둘 만에 사랑
내 인생길 앞에서
더 단단해져 가네
좋아서 행복해서
웃음꽃 피어날 때
속마음 깊은 곳엔
기쁨이 넘쳐 오르네

(후렴)
우리 이제 꽃길만 걸어가요
함께라서 든든한 우리사이
힘들어도 웃으며 걸어가요
사랑이 피어나는 꽃밭에서
우리 이제 꽃길만 걸어요.

동묘역에서

산다는게 다 그렇듯이
낯설지 않은 동묘역에서
추억속에 꿈이 있었지
희망으로 웃을꽃피네
길거리 커피 한 잔에
사랑 노래부르는
아 여기는 동묘 활기찬 거리
발길 닿는곳마다 추억의 낭만으로
넘치는 젊음의 거리 만물시장
웃음꽃 가득한 도깨비시장.

첫사랑

① 파도에 부딪히는 그리움을
　뱃고동 울리는 해운대에서
　첫사랑 고백했던 그 사람
　세차게 불어오는 바닷냄새
　붉게 타오른 동백꽃처럼
　내 마음을 붉게 물들여 놓고
　기다려도 기다려도 오지 않고
　인기척 없는 뱃머리에 앉아
　가만히 속만 애태우는데
　토막 난 문자 하나
　"안녕"이라며 다시 못 올 첫사랑 그대여

② 눈부신 햇살도 시리게 하고
　파도는 내 마음처럼 출렁이고
　첫 입맞춤 그 자리에 서서
　그대를 또 불러보네요
　바다 끝 어딘가 대가 있을 것만 같아
　말 한마디 없이 떠난
　그리운 그대 세월이 흘러도 잊지 못해
　지우려 해도 짙어지는 그 사랑… 그대여

(후렴)
동백꽃이 피던 날에 그대 숨결이 머물던 곳
그 자리에 나 혼자 남아 그대를 기다립니다
다시 못 올 첫사랑
영원토록 못 잊을 내 사랑… 그대여.

여인의 눈물

① 그대 왔나요 내 사랑아
　오랜 세월 기다렸어요
　보고 싶어 참아온 마음
　오늘 이렇게 터져버리네

② 그대 손을 꼭 잡아보면
　가슴 속이 떨려옵니다
　묻지 않아도 알 수가 있어
　사랑이라는 그 한마디로

(후렴)
여인의 눈물 여인의 사랑
그대 품에 안겨 흘러내리네
사랑한다 그리웠다
다시 만난 내 사랑 그대여
여인의 눈물 사랑의 눈물
그대 품에 안겨 피어나네요.

그리움을 마신다

① 빗물 따라 내리는 그리움
　빈 잔 속에 가득히 담아
　그대 얼굴 보고 싶어서
　오늘도 나는 울고 있네요

② 한 모금에 눈물이 번지고
　그 향기에 나는 취했죠
　그대 모습 다가오는 듯
　쓸쓸했던 시간 멈췄네요

(후렴)
그리움을 마신다 눈물을 마신다
커피 향기 속에 그댈 그린다
사랑한다고 보고 싶다고
내 가슴은 그대만 부르네
그리움을 마신다 그대 이름 부르며.

정 때문에

① 고운 미소 그리워서 잠 못 드는 밤
 매정한 그대 모습 지워지질 않아
 정 때문에, 사랑 때문에
 오늘도 가슴만 아프네

② 돌아선 뒷모습이 자꾸만 떠올라
 이별의 그림자에 가슴만 젖어든다
 정 때문에, 미련 때문에
 잊지 못하고 또 운다

(후렴)
아~ 불러도 대답 없는 사람
가슴에 남아 눈물이 된다
여인이여, 여인이여
못 잊어 나는 또 운다.

자화상

① 수채화처럼 투명한 사랑
　조각달 같은 내 인생길
　흐려져 가는 저 하늘 끝에
　눈물처럼 번져만 가네

② 어둔 그림 누가 그렸을까
　조금은 둔탁한 내 그림자
　넘어지고 또 일어서면서
　내 삶을 채워가네

(후렴)
아~ 인생은 인생은
웃으며 가야 할 길이더라
수채화도, 유화라도
내 만족이면 그뿐이리.

말해줘요

① 사랑한다 살갑게 말해줘요
　그대 좋아한다고 말해줘요
　나중에 말고 지금 말해요
　눈물 속 사랑 안아줘요

② 밤새 뜬 눈으로 지새운 밤
　정녕 그대를 모르시겠지요
　얼마나 아름다운 사랑인지
　내 그댈 얼마나 사랑하는지

(후렴)
그대여 날 아프게 하지 말아요
둥근 달빛처럼, 푸른 숲처럼
백년을, 천년을 간직할 사랑
백리향 향기처럼 남아 있어요.

모래섬

① 모래 바닥에 주저앉아
　갈매기를 그리던 시절
　가난한 빈그릇에 한숨을 담아
　그녀의 숨결이 파도 되어 오네

② 창문 너머 봄날을 그리며
　밤새 타다 남은 불씨
　꺼내달라 울부짖던 그날의 눈물
　구름을 껴안아 다시 일어서네

(후렴)
빈 봉투처럼 납작 엎드려도
허물어진 모래성 붙잡고 살았네
자신을 태우는 작은 촛불 되어
오던길 위에 추억을 쌓아가네.

꿈속의 사랑

① 인파 속에서 그댈 찾았네
　야윈 얼굴 안개꽃이 피고
　바람 따라 흩날리는 목소리
　내 가슴 숭숭 뚫려 허공에 맴도네

② 물푸레 잎사귀가 가로막아도
　멀리서 그대 웃음소리 들리네
　이기지 못한 세월의 무게에
　내 마음은 끝내 울고 또 운다

(후렴)
꿈속에서 그대 만나면
치맛자락 휘날리며 달려가리라
외로움 천근만근 눈물로 채워
강물 되어 그대 이름 불러보리라.

짧은 인연

① 내 곁에 있을 때는 몰랐지
　산들바람 맑은 공기처럼
　너무 가까이 서 있던 사람
　햇살에 그을린 그날의 미소
　안부를 묻고 답하던 순간
　몽당연필 같은 짧은 인연

② 지친 삶에 손 내밀던 사람
　소소한 일상을 챙겨주며
　카톡 하나에 문자 하나에
　나는 그만 가슴을 열어버렸네
　돌아보니 남아 있는 건
　짧고도 아픈 그리움뿐이네

(후렴)
짧은 인연 짧은 사랑
얼굴 붉히며 멀리만 보았네
연락 한 줄 끊어진 순간
마음 없이 떠난 줄 알았네
짧은 인연이었어도
내 가슴엔 긴 사랑이 되었네.

보고싶다

① 얼마나 기다렸나 너를
　고맙고 사랑한다 너를
　눈물로 지새운 그 밤을
　너는 기억하고 있을까
　보고싶다 날마다 불러도
　기다림에 지친 나날들
　그런 말 너는 알고 있겠지
　널 사랑한다 노랠 부르며

② 기다림이 외롭다 하지만
　사랑하면 외롭지 않으리
　내 모든 것 다 주었으니까
　눈물로 지새운 그 밤도
　그립다는 말 보고싶다는 말
　너는 이미 알고 있겠지
　이젠 제발 내 곁에 있어줘
　영원토록 함께하자고

(후렴)
보고싶다 사랑한다 외쳐도
메아리만 가슴에 맴돌고
돌아와 줘 내 사랑아
이 생명 다해 기다리리
보고싶다, 너만을 사랑한다
내 곁에서 떠나지 말아줘.

빈몸으로

① 빈몸으로 가는 인생길
   청춘은 세월에 울고 갔네
   빈손은 가벼울수록 웃고
   그대와 내가 걸어온 길은
   이열치열 뜨거웠던 사랑
   가장 힘든 여정 속에서도
   꿈 하나 만들기 위해 살았네

② 나의 청춘은 추웠던 시절
   고달픈 세상에 눈물 삼키고
   세월 따라 달콤한 녹차처럼
   따뜻한 풍요로움이 찾아왔네
   이제는 빈손으로 떠나가도
   그날의 꿈을 안고 살았으니
   후회 없는 인생이라 말하리

(후렴)
앞만 보고 달려온 길
눈물이 나도 웃으며 살았네
사랑도 꿈도 모두 다 태워
뜨거운 가슴 불사른 세월
푹 익은 된장국처럼
마지막 인생길 곱게 익어가리.

이별의 그림자

① 이별의 그림자 머물던 골목길
　달빛도 별빛도 숨어버린 그날밤
　내 가슴에 남아 있는 사랑은
　쓸쓸히 내 곁을 떠나가고 있네
　떨어진 낙엽처럼 외로움 태우며
　그 누가 나를, 그 누가 나를
　애타는 이 마음 알아줄까

② 잊지 못해 그대를 보내지 못하고
　사랑했기에 눈물만 흐르네
　허무한 이별은 가슴에 남아서
　혼자서 상처를 어루만지네
　까맣게 타버린 이 내 마음을
　그 누가 나를, 그 누가 나를
　애타는 그리움 알아줄까

(후렴)
잊지 못해 그대를 보내지 못하고
사랑했기에 외로움 떨치지 못하네
이별의 그림자 지워도 지워도
내 가슴 깊이 남아 있네.

남한강가에서

① 출렁이며 흘러가는 저 강물
　잊지 못해 그 사랑은 강물 되어
　출렁다리 건너던 그날 밤도
　남한강가에 부슬비가 내렸지
　다시 만날 기약 없이 떠난 사람
　아, 빗물 반 눈물 반 내 가슴에 내리고 있네

② 남한강가에서 헤어지던 그 밤
　사랑했기에 잊지 못한 내 마음
　눈물인지 빗물인지 몰라
　가슴 아픈 사연만 흘러가네
　다시 부를 수 없는 그대 이름
　아, 빗물 반 눈물 반 내 영혼에 스며만 드네

(후렴)
사랑했기에, 사랑했기에
남한강가에 비가 내리고
잊지 못해 흘러가는 그 사랑
눈물인지 빗물인지 모른다.

구름 나그네

① 볕은 중천에 서 있고 구름 두 조각 떠 있네
　서쪽 하늘 둥둥 떠다니며 해를 가리고 비틀거리네
　가끔은 술 취한 사람처럼 비틀대며 걷는 걸까
　인생도 저 구름 같아 흘러가는 대로 가네

② 저 구름은 어디로 갈까 해는 뉘엿뉘엿 기우네
　저러다 산중턱에 걸려 멈춰버릴까 두려워라
　우린 어딜 향해 가는지 물어볼 사람도 없고
　고요한 하늘만 바라보며 나도 조용히 흘러가네

(후렴)
후~ 입김 한 번 불면 저 멀리 사라질까
허무한 세상살이 붙잡을 수도 없구나
떠나는 구름처럼
나도 나그넨가 쓸쓸한 인생길 위에
그저 흘러가는 구름일 뿐.

인간일지

① 세월을 거슬러 갈 수 없는 나이기에
　어느새 혼자가 되어 고요한 길을 걷는다
　함께 웃던 날들 아직 가슴에 남아서
　그립다 말하면 눈물이 먼저 흐른다
　바람이 찬 하루 서리처럼 내려와
　나를 다독이듯 등을 밀어주고 간다

② 훌훌 털어내고 쉽게 잊고도 싶지만
　이 마음 어디쯤 그대 모습 머물러
　살아가는 이유 묻지 않아도 아는 걸
　그게 바로 너라는 걸 이제야 알 것 같다

(후렴)
조금만 더 머물고 싶다 하늘이 날 불러도
아직은 내 자리가 남아 있는 것 같아서
입술을 꾹 다물고 고개를 들어 본다
나는 오늘도 살아 있다는 이유로
앞만 보고 걷는다.

사랑이 없다면

① 여기저기 꺾이고 부딪히고
　그런 인연 버릴 수 있나요
　돌아서면 맨 그 자리 후회 없는 인생사
　추운 겨울날처럼 언 가슴 녹여줄 그 사람
　눈 쌓인 거리마다
　부질없는 외로움도 쌓인다

② 마음 부칠 곳이 없어도
　어느날 내 앞에 찾아온 사람
　멀리 있어도 보이지 않아도
　언제나 내 마음에 있어요
　그대와 인연은 후회하지 않해요
　추운 겨울날이지만 가슴이 따뜻해
　하얀 눈이 수북하게 쌓이면
　둘이 걷던 그날이 생각나요

(후렴)
사랑이 없다면 어떻게 살아갈까
바람만 스쳐도 그대 생각나는걸
기다린 세월 백 년을 버텨 줄 사랑
그 누가 지켜줄까
그도 나도 사랑이 전부였으니.

인생은 연극처럼

① 새벽이슬처럼 풀잎에 안기더니
　그만 사그라들어 가엾은 내 청춘아
　바삭거리는 갈댓잎 빈 가슴을 두드릴 때
　소슬바람 따라가듯 너는 숨을 거뒀지

② 허릴 붙잡고 살아갈 날 멀지 않음을
　누굴 위해 살아왔나 문득 물어보네
　허락하지 못한 꿈 가슴속에 묻은 채로
　다시 오를 그 무대엔 거짓 없는 나이기를

(후렴)
인생은 연극처럼 무대 위에 나 홀로 서네
돌아갈 수도 없는 장면 속에 또 울다가
내 생애 마지막까지 주인공 되어 살리라
막 내리는 그날까지 눈물로 연기하리라.

용서

① 마른 잎새가 바람에 나부낀다
　흩어지고 땅바닥에 떨어지고
　흔적도 없이 사라지고
　물 한 모금 마시려다 목에 걸린 가시처럼
　나에게 아픈 상처를 준 사람
　그 생각이 올라오면 컥컥 울음을 삼키고 만다

② 말 한마디 칼이 되어 박히고
　너의 무심한 눈빛 하나에
　무너져버린 날들 상처는 낫지 않고
　그 자리에만 멈춰서 살아도 사는 게 아니더라
　그러니 묻는다 나는 정말 용서해야 하냐고

(후렴)
너는 아느냐 이 고통스러움을
참 세상 힘들다 왜 그랬냐고 묻지도 못했네
용서해야겠지 용서해야겠지
둥글둥글 이렇게 둥글둥글
다 좋은 것을 그래, 오늘은 묻는다
나를 위해 용서해도 되는지.

원두커피처럼

① 밤하늘에 떠있는
　별빛이 바라만 봐도 보고 싶고
　어디에서든 별빛을 바라보면
　그대 모습이 보였어
　원두커피 향이 그윽한 커피숍을 지나칠때
　그대 모습이 보이는 것같아
　카톡 울림의 문자 소리가 달라서
　달콤한 속삭임이었지

② 막혀 있는 벽 오를 수가 없어
　목소리만 저 멀리서 들릴 뿐
　지금 그의 곁으로 달려가고
　어디에 있을까 정녕, 못 오나요
　햇볕은 따사로운데

(후렴)
그대는 원두커피처럼
쓰디쓴 나날에 스며든 사람
그 웃음 하나에 세상이 달라졌었죠
햇볕이 따사로운
이 계절은 지나가고 있는데
오지 않아도 아 못 잊어요
오늘도 그대, 기다립니다.

어찌하면 좋을까요

① 그대여 짧은 인연
　사랑이 죄인가요
　내 가슴에 묻어두고
　떠나가신다면
　나는, 나는 어찌하면 좋을까요

② 인생길 피고 지는 꽃잎처럼
　두터운 정, 서두르지 말 것을
　핏빛으로 물든 내 사랑이여

(후렴)
바람처럼, 별처럼
그렇게 떠나간다면
여기까지, 여기까지라고
차라리 말해줄 것을
피멍든 그 세월 앞에
나는, 나는 어찌하면 좋을까요.

철창이 막아둔 방

나는 창살 없는 어둔 방에서 잔다
매일 밤마다
네일 커튼은 시야를 토막 내놓았고
전봇대 아래를 비추는 가로등도
몇 개가 조각난 채
눈을 찌푸리며 바라본다
가을비는 주적거리고 어둠은
벌겋게 충혈된 몰골
까맣게 번지기 시작한다
다 누구 때문이겠어
귓가에 들리는 중얼거림
분명 혼자였는데 빗소리는 이내 굵어지고
촉각을 곤두세운 목침은
어서 누우라며 머리채를 잡아당기는데
난 싫었어
앞이 잘 보이지 않은 창밖이 궁금할 뿐
모기는 살아있겠지
창살 없는 어둔 동쪽 방은
내 어깨만큼 넓은 들창이 날 기다리고 있다
술, 커피
아냐 오늘은 가을비를 맞고 서 있을 거야
어둡고 비좁으니까.

박가을 12번째 시집

그어진 줄로 이어가고

초판 인쇄　2025년 10월 13일
초판 발행　2025년 10월 15일

지　은　이　박가을
펴　낸　이　박가을
편 집 주 간　윤금아
디　자　인　이재은
펴　낸　곳　 뜨락에

편 집 출 판　 뜨락에
등 록 번 호　제2015-000075호
등 록 일 자　2015년 9월 3일
주　　　소　경기도 안산시 상록구 학사1길 4-1
전 화 번 호　031. 486-0004
전 자 우 편　kwang6112@naver.com

ISBN 979-11-88839-34-6
정가 15,000원

- 이 책은 전부 또는 일부 내용을 재사용하시려면 반드시 저작권자와 도서출판 뜨락에의 동의를 받아야 합니다.
- 본문 페이지에서 한 연이 첫 번째 행에서 시작될 때에는 〈표기를 합니다.
- 저자의 의도에 따라 작품의 보조 동사와 합성 명사는 띄어쓰기가 달라질 수 있습니다.